AF263490

COUP-D'ŒIL GÉNÉRAL

SUR

L'HISTOIRE DE LA MÉDECINE

ET DE

LA CHIRURGIE

AUX ÉTATS-UNIS

Avant et pendant la Guerre de l'Indépendance

PAR LE DOCTEUR OBET

HAVRE

IMPRIMERIE LEPELLETIER, RUE SÉRY, 47

1877

COUP-D'ŒIL GÉNÉRAL

SUR

L'Histoire de la Médecine et de la Chirurgie aux Etats- Unis, avant et pendant la Guerre de l'Indépendance.

PREMIÈRE PARTIE

Notre intention n'est pas de faire ici l'histoire complète de la médecine et de la chirurgie aux Etats-Unis avant et pendant la guerre de l'Indépendance, depuis l'époque où furent fondés dans ce pays les premiers établissements coloniaux, jusqu'au jour où le peuple américain, à peine sorti de l'enfance, secoua le joug de l'orguéilleuse Albion et se fit libre et indépendant.

Nous voulons seulement passer brièvement en revue les principaux évènements qui se rattachent à l'histoire et aux progrès de la médecine dans l'Amérique du Nord pendant les deux derniers siècles et rendre un juste hommage aux médecins qui, tout en remplissant avec dévouement les devoirs de leur profession, ont fait tous leurs efforts pour créer des centres d'études, des Universités, destinées à populariser la connaissance des sciences médicales, et dont devaient sortir plus tard des hommes d'un mérite éminent, rivalisant de science et de célébrité avec les professeurs les plus renommés de la Faculté de Paris et des Universités d'Edimbourg, de Dublin et de Leyde.

Nous devons avant tout adresser nos sincères remerciements au docteur Walter Atter qui nous a offert une gracieuse hospitalité pendant notre court séjour à Philadelphie, pour nous avoir procuré de précieux documents où nous avons pu puiser les principaux éléments de cette étude.

Lors de la fondation des premiers établissements coloniaux aux Etats-Unis, la population était peu nombreuse, disséminée sur son vaste territoire. Arrivant des pays d'outre-mer dans des zônes inconnues, le premier soin du colon était d'assurer ses moyens d'existence.

Parfois privé de tout, livré à ses propres ressources, il ne pouvait et ne devait compter que sur son adresse et son savoir-faire pour arriver à ne pas mourir de misère. Entouré d'ennemis de toute sorte, ayant à redouter l'Indien tout autant et peut-être plus que la bête fauve, il devait avant tout s'assurer une retraite aussi sûre que possible contre les attaques de ses ennemis. D'autre part il lui fallait lutter sans cesse contre les obstacles qu'il pouvait rencontrer à chaque pas dans le défrichement des terrains, et de longs jours se passaient souvent avant que la terre lui rendit au centuple le fruit de son pénible labeur.

Telle était la vie de ces malheureux pionniers qui n'avaient guère le temps de songer à la science. Aussi, chaque fois que la maladie les frappait, avaient-ils recours aux ministres de leur religion qui étaient à la fois pour eux le médecin de l'âme et le médecin du corps.

Cet état de choses dura plusieurs années, mais peu à peu la colonisation prit un grand essor, l'émigration se fit sur une plus vaste échelle. De nombreuses familles, fuyant la persécution, quittèrent l'Angleterre et vinrent s'échouer sur les rives américaines. En même temps, la France fournissait aussi son contingent de colons dont on retrouve encore les descendants en Louisiane, dans le Missouri, la Virginie et la Pensylvanie. A ces premiers pionniers de la civilisation aux Etats-Unis, vinrent se joindre quelques familles allemandes alléchées par les richesses du Nouveau-Monde. Mais ce ne fut que plus tard que commença la grande émigration teutonne.

C'est alors que s'élevèrent sur les baies de l'Atlantique, sur le bord des principales rivières, des établissements qui prirent un accroissement rapide, devinrent des centres de commerce de première importance. A partir de ce moment des relations fréquentes pour l'époque s'établirent entre les deux continents, et chaque année vit s'augmenter considérablement la population de ce pays d'outre-mer.

Au nombre de ceux qui abandonnèrent la mère-patrie pour aller s'établir sur ces rives lointaines, se trouvèrent des médecins de renom, qui avaient fait leurs études médicales et pris leurs grades aux Universités de Paris, d'Edimbourg, de Leyde. Ce furent les premiers représentants de la science aux Etats-Unis; ils en furent les dignes soutiens et fondèrent les premières écoles de médecine qui aient fonctionné en Amérique avant la guerre de l'Indépendance.

Nous diviserons notre travail en trois parties. Dans la première, nous ferons l'histoire médicale de chaque Etat du Nord, en particulier. La seconde aura pour objet l'histoire médicale des Etats du Sud. Enfin, dans la troisième nous donnerons un court aperçu des maladies endémiques et épidémiques qui ont sévi aux Etats-Unis pendant les deux derniers siècles, et nous terminerons par quelques considérations sur les écoles de médecine de New-York et de Philadelphie, sur les réglements qui leur avaient été appliqués et sur les conditions que devaient remplir tout aspirant au titre de docteur-médecin.

ÉTATS DU NORD.

HISTOIRE MÉDICALE DE LA VIRGINIE.

Parmi les premiers colons qui vinrent en Virginie et fondèrent Jamestown, en 1607, se trouvait le docteur Thomas Wooton, chirurgien général de la Compagnie. Il fut du nombre des malheureux qui eurent à supporter de longues souffrances par suite du manque de vivres, et qui n'eurent pour toutes ressources alimentaires pendant plusieurs mois que des crabes et des esturgeons.

En 1608, le docteur Walter Russell arrivait en Virginie avec le capitaine Smith, auquel il rendit de nombreux services comme médecin, dans le voyage de découverte qu'il fit dans la baie de la Chesapeake et dans le Potomac. C'est dans une de ces excursions qu'il eut l'occasion de soigner pour une plaie d'arme à feu intéressant l'articulation du genou, un chef indien, père de Hassininge, roi de l'une des quatre peuplades des Mannahocks. Après avoir visité la baie de la Chesapeake, le capitaine Smith, le docteur Russell et treize matelots remontèrent le Potomac jusqu'aux chûtes, à quelques milles au-dessus du lieu où s'élève aujourd'hui la ville de Washington, capitale des Etats-Unis.

Cette même année, Anthony Bagnall remplissait les fonctions de chirurgien du port et desservait en même temps Jamestown et les environs. Il fallait, à cette époque, avoir une certaine abnégation de soi-même, un grand dévouement pour remplir dans le Nouveau-Monde les devoirs de la profession médicale ; le médecin était exposé à toutes sortes de dangers, et chaque jour sa vie était en péril ; c'est ainsi que le docteur Bagnall fut attaqué par les Indiens, en allant rendre visite à un malade, et qu'il n'échappa que providentiellement à la mort, la flèche qui lui était destinée ayant traversé son chapeau de part en part.

Il est à supposer que ces médecins ne firent qu'un court séjour dans ces pays peu hospitaliers, car en 1609 le capitaine Smith, président de la Compagnie Virginienne, dut retourner en Angleterre pour s'y faire traiter, faute d'un chirurgien auquel il put se confier.

En 1610, le docteur Lawrence Bohun s'établissait en Virginie et en 1611 était nommé médecin en chef de la colonie. Au mois de mars de la même année, il accompagna aux Indes occidentales lord Delaware, que son mauvais état de santé forçait à quitter la Virginie. Le docteur Bohun fut tué dans un combat naval pendant la guerre d'Espagne, et remplacé par le docteur John Pot que l'on avait nommé médecin en chef de la Compagnie, sur la recommandation du docteur Gulstone. Le docteur Pot s'établit dans la colonie et en fut gouverneur par intérim en 1628.

Le docteur Grun pratiquait dans le comté de Gloucester en Virginie; il y mourut en 1676 dans la même maison où expira le général Bacon, à la suite de l'échauffourée de Bacon.

La plupart des médecins qui vinrent s'établir en Virginie, tout aussi bien que ceux qui exercèrent dans les autres colonies, occupèrent presque tous une position officielle soit dans l'armée, soit à bord des bâtiments de guerre qui protégeaient les colons.

Beaucoup de navires transportant des émigrants dans le Nouveau-Monde au XVIIe siècle, avaient des chirurgiens à bord. Leur présence y était de première nécessité, à cause de la longueur du voyage et du temps qu'il fallait pour trouver une cargaison de retour. Tant qu'ils étaient dans le port, ils exerçaient à terre, et plus d'un, par la suite, se sont fixés dans le pays.

William Cabel, né en Grande-Bretagne, avait pris ses grades à Edimbourg, et vint en Amérique vers 1724. Il s'établit sur James River, à Liberty Hall, dans le comté de Nelson, et y mourut en 1774 à 87 ans. C'était un homme d'énergie, entreprenant, riche, et jouissant d'une grande influence dans l'Etat de la Virginie.

Vers l'année 1700, John Mitchell M.D., F.R.S. quitta l'Angleterre pour venir habiter la Virginie et s'établit à Urbana, petite ville située sur les bords du Rappahannock. C'était un botaniste célèbre, un médecin distingué. Parmi les nombreuses communications qu'il envoya à la Société royale de Médecine, l'on doit citer entr'autres un traité sur la botanique et une monographie sur la fièvre jaune. Il mourut en 1772.

James Craik, né en Ecosse en 1730, vint en Amérique avec l'armée de Braddock et servit comme chirurgien pendant la guerre que l'Angleterre fit contre les Français et les Indiens, que la communauté d'intérêts avait rendus alliés. A l'époque où le général Washington n'était encore que colonel, le docteur Craik fit sa connaissance et devint plus tard l'un de ses meilleurs amis. Au moment de la guerre de l'Indépendance, James Craik prit du service dans l'armée américaine, et après la reddition de Yorktown, il fut nommé directeur général de l'hôpital de cette ville. A la fin de la guerre, Washington lui persuada de s'établir à Alexandrie, près de Mont-Vernon, il resta le médecin et l'ami du général et l'assista dans ses derniers moments. Washington se plaisait à l'appeler mon compagnon d'armes, mon vieil et intime ami. James Craik mourut le 6 février 1814 dans le comté de Fairfax en Virginie.

Pendant la guerre de l'Indépendance, un grand nombre de médecins et de chirurgiens offrirent leurs services au général Washington et furent attachés à l'armée continentale.

Parmi les médecins nous citerons Cornelius Baldwin, Thomas Chrystie, Joseph Davis, Baziel Middleton, Georges Monroe, né dans l'Etat de la Delaware et qui, après la guerre, se rendit en Europe et étudia pendant deux ans sous la direction de Cullen, Gregory, Black, Home, Brown et Monro, qui illustraient à cette époque l'Université d'Edimbourg ; il subit ses examens pour le doctorat par devant cette Université et prit pour sujet de thèse la *cynanche trachialis*. De retour en Amérique, il pratiqua à Wilmington et mourut en 1819 à 60 ans.

A ces noms nous devons joindre ceux de Robert Rose, Joseph Savage, A. Skinner, Nathan Smith, James Wallace et Georges Yates.

Parmi les chirurgiens qui prirent du service à l'armée, nous citerons David Gould, mort en 1781, William Graham, second chirurgien du régiment du colonel Alexandre Spottswood.

James Mecclurg, né en Virginie, reçu docteur en 1770 à l'Université d'Edimbourg. Il pratiqua à Richmond et acquit pendant la guerre la réputation d'un chirurgien éminent.

Alexandre Lagournade, second chirurgien dans le corps de l'artillerie de la Virginie et du Maryland, commandé par le colonel Charles Harrisson.

Robert Macry, chirurgien du 11e régiment de la Virginie.

James Carter de Williamsburg à qui furent votés en 1765 des remerciements et une somme de 250 fr. pour les services qu'il avait rendus aux professeurs et aux élèves de William et Mary Collège, dans une épidémie de variole.

William Carter qui exerça à Richmond et fut chirurgien de l'hôpital de Williamsburg pendant la guerre.

John Clayton, né en Angleterre dans les commencements du xviiie siècle. Il s'établit dans le comté de Gloucester où il mourut en 1773. C'était l'un des botanistes les plus distingués de cette époque.

William Baynham, fils de John Baynham du Comté de Caroline, né en 1749. Il étudia d'abord sous les auspices du docteur Walker et se rendit ensuite en Europe pour y compléter son éducation médicale. En 1769, il entra à Londres comme étudiant à l'hôpital de St-Thomas, où il étudia l'anatomie sous la direction du docteur Else, qui lui conserva toute sa vie le plus tendre attachement.

Le jeune Baynham, sous cette direction intelligente, prit goût à l'étude de l'anatomie et de la chirurgie et ne tarda pas à acquérir de sérieuses connaissances dans ces deux branches d'étude. Nommé prosecteur d'anatomie à Cambridge, il occupa ce poste pendant plusieurs hivers consécutifs, et le reste de l'année servit d'assistant au docteur Hater, chirurgien célèbre de Margate. Il était encore prosecteur d'anatomie à Cambridge, quand le docteur Else lui proposa de revenir à Londres pour y remplir des fonctions analogues, Baynham accepta avec joie, revint à Londres et fut nommé prévôt de l'amphithéâtre. Pendant cinq ans, il fut chargé de faire les préparations des pièces anatomiques pour les cours, le musée, et d'initier les jeunes élèves aux mystères de la dissection. C'est alors que le professeur Else lui abandonna la chaire d'anatomie en le prenant comme professeur adjoint, mais la mort prématurée de Else l'empêcha de conserver cette chaire, malgré la réputation qu'il avait acquise comme anatomiste et chirurgien. Devenu possesseur de la collection des pièces anatomiques du docteur Else pour la somme de soixante livres, il en céda quelques unes au docteur Blizard, professeur d'anatomie à l'hôpital de Londres. Parmi ces préparations se trouvait entr'autres un testicule parfaitement injecté et qui avait servi à jeter un nouveau jour dans la discussion qui s'était élevée entre Else, Pott, Hunter et quelques autres chirurgiens au sujet de la guérison de l'hydrocèle, traité par le caustique d'après la méthode de Else. Suivant les uns, il y avait guérison par adhésion, suivant d'autres par destruction totale de la tunique vaginale.

Dans un cas où l'on avait eu recours au caustique, le

malade ayant succombé à une autre affection, Baynham disséqua ces parties et par l'artère spermatique fit une injection fine d'eau colorée avec du vermillon. La tunique vaginale était parfaitement saine, excepté au point où le caustique avait été appliqué, il y avait donc eu ce que Hunter appelait inflammation adhésive, et la guérison se faisait par adhésion et non par destruction du sac.

En 1781, Baynham fut nommé membre de la Société de Chirurgie de Londres, où il s'établit et exerça comme chirurgien. Il resta 16 ans en Angleterre, et revint ensuite dans le Comté de Caroline pour se fixer à Essex, où il pratiqua jusqu'à sa mort qui eut lieu en 1814.

C'était un chirurgien d'une rare habileté et d'une grande adresse, il habitait un pays où la population était peu considérable, mais sa réputation s'étendit fort loin, et plus d'une fois, il fut appelé à trois et quatre cents milles de distance pour donner ses soins à des malades atteints d'affections chirurgicales. Il pratiqua avec succès l'opération de la pierre et fit l'opération césarienne deux fois. Dans les écoles de médecine des Etats-Unis, le nom du docteur Baynham est souvent cité dans les cours d'anatomie et de médecine opératoire, et chaque jour l'on rend un juste hommage à ce praticien distingué qui fut, avec le docteur Physick, le fondateur de la chirurgie en Amérique.

Membre de la Société Royale de Chirurgie d'Angleterre, il siégeait à côté de Pott, John Hunter, Cooper, Abernethy. On lui attribua d'avoir le premier signalé la vascularité du rete mucosum.

Il a écrit quelques articles qui ont été publiés dans le premier volume de *the Medical and Philosophical* journal and Review, Printed in New-York, et dans le vol. 4 de *the Philadelphia*, journal of the Medical and Surgical Sciences. Toutes ces publications traitaient des cas de chirurgie les plus intéressants qu'il avait rencontrés dans sa pratique.

A ces différents noms, nous ajouterons ceux de John Minson, Galt de Williamsburg qui fut le premier médecin chargé de la direction de l'asile des aliénés, fondé par l'état. Pendant la guerre il fut chargé du service chirurgical de l'hôpital fondé à Williamsburg, Cyrus Griffin, qui fut le dernier président du Congrès Continental, David Griffith qui fut commissionné chirurgien par le Congrès Continental et fut en même temps chapelain du régiment du colonel William Heth, enfin William Rumney qui reçut de l'état de Virginie six mille acres de terre en reconnaissance des services qu'il avait rendus comme chirurgien.

Le 21 octobre 1639 fut décrétée dans l'état de Virginie, la première loi ayant spécialement rapport à la profession médicale ; elle était intitulée : *An act to compel Physicians and Surgeons to declare on oath the value of their Medecines.* Un arrêt pour inviter les médecins et chirurgiens à déclarer par serments la valeur de leurs médecines. Ce décret fut révisé et remanié à la session de 1645-46 et plus tard à celle de 1657-58.

En 1662 parut un décret pour fixer les honoraires des chirurgiens.

La même année fut publié un autre arrêt par lequel les honoraires des chirurgiens pouvaient être discutés après la mort du malade.

En 1691 fut édicté un nouveau décret sur les honoraires des médecins et des chirurgiens.

En 1722 fut votée une loi par laquelle les bâtiments provenant des ports infectés par la plague ou fièvre jaune, étaient condamnés à faire quarantaine.

En 1736 parut un nouveau décret pour fixer les honoraires des médecins.

Enfin en 1769 passa une loi ayant pour objet de régulariser l'inoculation de la variole dans l'État ; cette dernière loi fut modifiée en 1777.

HISTOIRE MÉDICALE DU MASSACHUSSETTS.

Le docteur Samuel Fuller fut le premier médecin qui vint au Massachussetts; il mourut en 1633 à Plymouth d'une affection qu'il avait contractée en soignant des colons atteints d'une maladie contagieuse. Sa femme jouissait d'une certaine réputation comme accoucheuse.

Un peu plus tard, vers 1634, Giles Firmin exerçait à Boston. En 1638 il reçut en récompense des services qu'il avait rendus 120 acres de terre situés dans la circonscription d'Ipswich.

Le docteur William Gager, qui accompagna à Boston le gouverneur Winthrop, y exerça plusieurs années et y laissa d'universels regrets.

Samuel Bellingham et Henry Salstousall, gradués à Harward en 1642, se rendirent en Europe pour y achever leur éducation médicale et passer leurs examens de doctorat, et revinrent ensuite dans le Massachussetts où ils acquirent une grande réputation comme médecins et chirurgiens.

Léonard Hoar prit ses degrés en Europe et y étudia aussi la théologie; il s'établit même en Angleterre comme pasteur protestant, mais il dut bientôt quitter ce poste comme n'étant pas orthodoxe. Il revint alors en Amérique et fut, pendant deux années consécutives, président du collège Harward. Il mourut à Quincy en 1675, à 45 ans.

John Glover, après avoir pris ses grades à Harward, se rendit en Europe, et après avoir passé ses examens de docteur-médecin à l'Université d'Aberdeen en Ecosse, revint s'établir comme médecin à Rosbury. Vers cette époque vivaient aussi Isaac Chauncy, John Bogers et Charles Chauncy; ces deux derniers furent présidents du collége Harward, l'un en 1654, l'autre en 1682.

Mathew Fuller exerça la médecine à Plymouth, de 1640

à 1653, puis alla s'établir à Bainstable où il mourut en 1678. Il était chirurgien en chef des troupes provinciales en 1673.

En mars 1629 proposition fut faite à la Cour des assistants à Londres de nommer John Pratt chirurgien des Plantations de Salim, aux conditions suivantes : On lui allouerait 200 fr. dont 125 pour sa caisse d'instruments et 75 fr. pour ses appointements, la première année ; mais dans ce meeting, la Compagnie fit choix de Robert Morley, aidé de Andrew Mathews, ci-devant chirurgien, barbier, et l'engagea pour trois ans, en lui allouant vingt nobles pour la première année.

En 1638 John Clarke, médecin anglais d'une grande renommée, vint s'établir à Boston où il mourut en 1664 à 66 ans ; son fils lui succéda avec honneur dans la carrière médicale et mourut à Boston en 1690.

John Wilson, fils du révérend John Wilson, pasteur de la première église qui fut élevée à Boston, naquit en 1621, prit ses grades au collège Harward en 1641, fort peu de temps après la fondation de cette institution. Il s'installa plus tard comme pasteur à Medfield et en fut tout à la fois le ministre de la religion, l'instituteur et le médecin.

Thomas Boylston, père du célèbre docteur Zabdiel Boylston, naquit à Watertown en 1637 ; il s'établit comme médecin et chirurgien à Brookline, où personne avant lui n'avait exercé la médecine. Il mourut en 1695.

Vers le même temps vivait une femme nommée Margaret Jones qui exerçait aussi la médecine. Elle fut accusée de sorcellerie et fut mise en jugement. Il fut reconnu que par le fait de l'accusée plusieurs personnes avaient été frappées de surdité, ou prises de vomissements, atteintes de violentes douleurs ou de maladies ; que toutes les drogues qu'elle administrait, quoique peu dangereuses par elles-mêmes, produisaient des effets extraordinaires et d'une violence peu naturelle ; qu'elle avait prétendu que toutes les personnes qui refuseraient de faire usage de ses philtres et infusions ne guériraient jamais, mais que leur maladie continuerait son cours avec des complications en dehors de toutes les lois ordinaires et dépassant toutes les prévisions des médecins et des chirurgiens. Reconnue coupable sur tous ces chefs, Margaret Jones fut condamnée à mort à l'unanimité. Ce fut la première fois que l'on appliqua la peine de mort dans la colonie fondée sur la baie du Massachussetts.

En 1637 une autre femme médecin, Mrs Hutchinson pratiquait à Boston; elle était réputée très habile accoucheuse. Mais elle prit part à des menées séditieuses qui la firent bannir de la colonie.

Citons encore Benjamin Thompson, fils du révérend William Thompson, qui habitait Rosbury où il acquit une grande célébrité comme médecin et comme poëte. Né à Braintsec en 1642, il prit ses grades à Harward en 1662 et mourut en 1711.

Barnaby Ruth, accoucheuse célèbre de Boston, où elle exerça pendant plus de quarante ans. Née à Marblehead en 1664, elle mourut en 1764 à l'âge de 101 ans; en 1764 elle insista pour se faire inoculer la variole et ne fut pas atteinte de cette terrible maladie qui frappa plusieurs membres de sa famille.

Robert Child, d'origine anglaise, et qui avait fait ses études médicales à Padoue, vint au Massachussetts vers 1644 et s'établit à Hinghem. En 1646, il fut condamné avec quelques autres colons à payer une petite amende pour avoir protesté contre l'union de l'Église et de l'Etat. Indigné de ce jugement, le docteur Child fit ses préparatifs pour se rendre en Europe, en appeler au Parlement et défendre lui-même sa cause, mais la Cour, prévenue à temps, le fit appréhender au corps. Décrété d'accusation, comme violateur de la loi, il fut condamné de nouveau et jeté en prison où il dut rester jusqu'à ce qu'il eût payé une amende quadruple de celle qui lui avait été imposée la première fois. C'était un homme instruit, pour son époque, qui était venu dans ce pays pour y étudier les gisements minéraux du Nouveau-Monde. Le gouverneur John Winthrop, son adversaire le plus acharné, l'avait quand même en grande estime et le considérait comme un gentleman et un homme d'érudition.

Au nombre des émigrants qui vinrent chercher fortune dans la nouvelle Angleterre, se trouvaient plusieurs médecins et chirurgiens qui se sont établis dans le Massachussetts et y ont acquis une certaine célébrité.

En 1650, William Avery, né en Angeleterre, vint s'établir à Dedham et s'installa dans la suite à Boston où il mourut en 1686. Ce fut l'un des bienfaiteurs du collège Harward.

Edward Winslow qui fut pendant quelques années gouverneur de l'Etat du Massachussetts, était né à Worcestershire, en Angleterre ; il mourut de la fièvre jaune à la Jamaïque en 1655. Il possédait de grandes connaissances en médecine et donna ses soins à Massasoït qui avait sauvé la colonie en découvrant les menées secrètes des peuplades indiennes. Ces ennemis naturels des colons avaient comploté la destruction de l'établissement colonial. Edward Winslow aurait suivi les cours de l'Université de Leyde avant d'émigrer en Amérique.

Daniel Allen, fils du révérend John Allen premier pasteur de Dedham. Il naquit en 1656 et prit ses grades à Harward ; il s'établit à Boston, et dans les dernières années de sa vie fut chargé de la direction de la bibliothèque médicale.

Jonatham Avery, fils de William Avery qui s'occupa plutôt de travaux d'alchimie que de médecine et s'adonna à l'étude des sciences naturelles.

Jean Touton qui en 1662 quitta la France et demanda au gouverneur de l'Etat l'autorisation, pour lui et ses compagnons d'infortune, de s'établir dans le pays. C'étaient des protestants qui avaient quitté La Rochelle et s'étaient expatriés pour fuir la persécution religieuse.

Olivier Noyer qui fut envoyé à la Chambre par la ville de Boston, comme représentant, et mourut en 1695.

Benjamin Bullivant qui appartenait à une noble famille et s'établit à Boston en 1686. Ce fut l'un des pharmaciens les plus distingués de l'époque ; il fut attorney général et l'un des directeurs de la première église épiscopale qui fut fondée à Boston.

Nathaniel White, né dans le Weymouth en 1690, mort en 1758. Il occupa plusieurs emplois publics avec honneur et s'attira l'estime de tous ses concitoyens.

Francis Le Baron, né en France, était chirurgien d'un corsaire bordelais qui croisait sur les côtes américaines. Il fit naufrage dans la baie de Buzzard et fut emmené prisonnier à Boston avec tout l'équipage. Le Baron fut interné à Plymouth où il pratiqua une opération chirurgicale avec le plus grand succès. La ville étant dépourvue de médecins, une demande fut adressée au lieutenant gouverneur Stoughton pour la mise en liberté de Le Baron, à la condition qu'il s'établirait à Plymouth.

Le gouverneur fit droit à la pétition des Colons, et Le Baron s'établit à Plymouth, s'y maria et y exerça jusqu'en 1704, époque de sa mort.

Son fils, Lazare Le Baron, embrassa la même carrière que son père et fit son éducation médicale sous la direction du docteur Mackay, médecin écossais, établi en Long-Island. Il mourut en 1773, à Plymouth, où ses deux fils, Joseph et Lazare, lui succédèrent comme médecins. En 1820, le dernier représentant de cette famille était le révérend Samuel Le Baron, ministre de l'église et de la congrégation de Rochester, dans le comté de Plymouth.

Thomas Thacher qui vint s'établir dans la nouvelle Angleterre en 1635. Il avait fait de sérieuses études en

théologie tout aussi bien qu'en médecine et fut d'abord chargé de la direction religieuse des habitants de Weymouth en 1644 ; quelques années plus tard, il remplit les mêmes fonctions à Boston. En 1677, il publia la première brochure médicale qui ait été éditée aux Etats-Unis. Elle était intitulée : A Briel Rale to Guide to common people of new England how to order themselves and theirs in Small-Pocks or Measels. En 1678, il fut atteint d'une maladie contagieuse qui l'emporta en quelques jours.

Au XVIIIe siècle Nataniel Williams exerçait à Boston, où il mourut en 1739. Il publia en 1721 une brochure traitant de l'inoculation de la variole.

Zabdiel Boylston, fils de Thomas Boylston, de Brookline, naquit en 1684 et mourut en 1766, après une longue et honorable carrière. Il introduisit en Amérique, en 1721, la pratique de l'inoculation pour la variole, et réussit à la populariser malgré la violente opposition qu'il rencontra tout d'abord. En 1726, il publia une monographie historique de l'inoculation à Boston et fit aussi de nombreuses communications à la Société royale de Chirurgie dont il était membre.

William Douglas, né en Ecosse, avait fait ses études à Leyde et à Paris. Il émigra en 1718 et s'établit à Boston. Adversaire déclaré de l'inoculation, il fit paraître dans les journaux plusieurs articles où il condamnait entièrement cette pratique. En 1722, il publia une brochure sur le même sujet et en 1730 un essai sur la variole. On lui doit encore un essai sur la fièvre épidémique qui a sévi à Boston en 1736 et 1749 et un ouvrage en deux volumes qu'il publia en 1755 sous le nom de the British Settlements in north America.

Lawrence Dalhunde et Joseph Marion qui vivaient à la même époque et exerçaient aussi à Boston, furent les ardents défenseurs des idées de Douglas et comme lui s'opposèrent de toutes leurs forces à la pratique de l'inoculation.

William Aspinwald qui fut avec Isaac Rand et Samuel Gelston de Nantucket, le propagateur de l'inoculation dans le Massachussetts, était né à Brookline. Il fut gradué à Harward en 1764, étudia la médecine sous la direction de Benjamin Gale, et vint ensuite à Philadelphie où il acheva son éducation médicale et reçut en 1768 le titre de M. B. Il fut chirurgien dans l'armée continentale pendant la guerre de l'indépendance et acquit la réputation d'un éminent praticien. Médecin directeur d'un hôpital privé près de Boston, William Aspinwald y pratiqua l'inoculation sur une grande échelle, jusqu'à l'époque où la vaccination fut découverte.

James Lloyld, fils de Henri Lloyld esquire, né à Long Island et mort à Boston en 1810. Son grand-père avait émigré vers 1670 du comté de Somersethire en Angleterre et était venu s'installer à Long Island. Le jeune Lloyld fit ses premières études à Stradfort dans le Connecticut ; à 17 ans, il se rendit à Boston et étudia la médecine sous la direction du docteur Clarke. A 22 ans, il se rendit en Angleterre pour y achever son éducation médicale. Pendant deux années il suivit les cours et les cliniques de Cherfel-den Sharpe, étudia la dissection et la médecine opératoire sous la direction de Hunter, les accouchements sous celle du docteur Smellie William, et la chirurgie dans le service de Joseph Warner, chirurgien en chef de Guy's Hopital. Par son assiduité, son amour pour le travail, il se fit des amis de ses maîtres et en reçut plus d'une fois de grands témoignages d'estime. A son retour en Amérique, en 1752, il s'établit à Boston. Il repartit pour l'Angleterre en 1769 et y trouva l'accueil le plus bienveillant chez ses anciens professeurs et entr'autres chez le docteur Warner.

C'était alors l'habitude, et elle existe encore aujourd'hui, de donner aux étudiants qui avaient achevé leurs cours et avaient fait preuve d'érudition, un certificat constatant leur bonne conduite et leur assiduité au travail. On y inscrivait, suivant le cas, la note diligently ou carefully. Le docteur Warner, trouvant que ce n'était qu'un faible témoignage de gratitude et voulant rendre justice au mérite et à l'érudition de James Lloyld, lui donna de sa propre main un certificat ainsi conçu :

« Guy's Hospital, London, mars 1752. Ceci est pour cer-
» tifier que le docteur James Llyold a fait du service à
» l'hôpital sous mes ordres avec la plus grande assiduité,
» et a suivi, pendant un an, les cours d'anatomie et de
» chirurgie. Pendant ce temps il s'est adonné au travail
» avec la plus grande ardeur.

» Je le considère comme ayant acquis de grandes con-
» naissances en chirurgie et je pense qu'il est de mon
» devoir de le recommander le plus chaleureusement
» possible. Je serai moi-même très heureux d'avoir l'oc-
» casion de lui être utile dans l'avenir. Witness my hand.
» — JOSEPH WARNER. »

Il fut le compagnon d'études et l'ami de John Hunter qui devait devenir célèbre comme chirurgien, anatomiste et physiologiste.

En 1752, Llyold s'établit à Boston où l'avait déjà précédé la réputation d'un chirurgien émérite. Partisan des nouvelles idées, il en fut l'ardent propagateur et eut pour but principal d'introduire et de faire connaître en Amérique les nouveaux procédés de médecine opératoire, d'initier ses compatriotes aux heureuses modifications amenées dans la pratique des accouchements.

Pour les amputations, il préconisa la méthode de Chesfelden qui substituait à l'opération par une seule incision, l'amputation à double incision. Ce fut à Boston, et peut-être dans la nouvelle Angleterre, le premier chirurgien qui pratiqua la lithotomie, et remplaça par la

ligature, la cautérisation par le fer rouge des plaies arté-
rielles. Nommé chirurgien de Castle William, qui servait
tout à la fois de lieu de garnison et de dépôt aux troupes
royales, il eut l'occasion d'y donner ses soins à sir William Howe, officier dans l'armée du général Amherst et
s'en fit un ami.

En 1764, il prit la défense de la vaccination contre ses
détracteurs et la popularisa par tous les moyens possibles.

Après l'évacuation de Boston par les anglais, on l'engagea à se retirer à Londres où on lui assurait protection
et patronage professionnels, il refusa de quitter Boston et
sa nombreuse clientèle. Absorbé par son travail profes-
sionnel, tout à sa clientèle, il ne s'occupa pas de politique
et ne sortit jamais de sa vie privée. Il mourut en 1810.
Chirurgien habile et d'une adresse rare, accoucheur
émérite, il fut une des gloires médicales de Boston, nommé en 1771 membre honoraire de la American philosopho-
cal Society de Philadelphie, il fut aussi honoré du titre
de docteur médecin par l'université de Cambridge et
reçut l'un des premiers diplômes que cette université ait
accordé, il était aussi membre de nombreuses institutions
de charité.

Si l'on doit juger de la valeur d'un citoyen, dit le docteur Gardiner dans le discours qu'il prononça sur la tombe
de Llyold, par l'estime que lui porte le public, par les
services qu'il a rendus, que ne pourrait-on dire du docteur Llyold ? Pendant près de soixante-huit ans, il a
exercé la profession médicale, et il n'y a peut-être pas de
médecin qui ait fait preuve de tant de dévouement et
donné ses soins à autant de malades. Le public perd en
lui un praticien de premier ordre, la société un gentleman
consommé, le pays un ami bien cher, le pauvre un grand
bienfaiteur, la famille un parent aimé ; sa vie a été
pleine d'années et d'honneur, c'est une gloire pour le
corps médical et un exemple pour ceux qui lui survivent.

Il s'en va avec l'estime et le respect de tout ceux qui l'ont
connu et avec le calme de ceux qui ne redoutent pas la
mort.

Joseph Whipple fut pendant quelques années sociétaire
de la société médicale des Massachusetts et mourut en
1804.

Charles Jarvis se rendit en Europe en 1766 pour compléter son éducation médicale. Revenu à Boston, il s'y
établit comme médecin. C'était un ardent patriote, il prit
une part active à la guerre de l'indépendance, fut membre
de la législation et chirurgien dans l'armée continentale.
Il mourut en 1807 à Charleston où il était chirurgien en
chef de l'hôpital de la marine.

James Jérauld, né en France, s'établit à Medfield vers
1733, il y pratiqua la médecine pendant de longues années
et mourut en 1802.

Ammi Cutter, né à Yarmouth, étudia à Porstmouth sous
la direction de Clément Jackson et servit comme chirurgien dans le corps de troupes du New Hampshire. Au
commencement de la révolution il reçut une commission
de chirurgien et fut nommé médecin en chef de la circonscription de l'Est. Il mourut en 1820.

William Whiting, Cotton Oufts, Oliver Prescot furent
membres de l'assemblée de 1779 qui décréta la constitution des Etats-Unis et remplirent plusieurs fonctions
officielles.

Samuel Holten, né au village de Salem, aujourd'hui Dau-
vers, en 1738, fit ses études médicales sous la direction
de Jonatan Prince et s'établit à Gloucester. En 1775, il
épousa la cause des patriotes et fit partie du comité du
congrès continental dont il était l'un des membres. Il fut
aussi nommé membre du conseil médical chargé de créer
le corps médical de l'armée et d'en discuter les régle-

ments. En 1777, il fut l'un des délégués du Massachussetts
à l'assemblée qui devait voter les articles de la confédé-
ration des Etats-Unis, fut ensuite envoyé au congrès
américain et apposa sa signature au bas de la constitution américaine. Il mourut en 1816.

William Baylin, né à Ubridge, fut un médecin de
mérite qui exerça à Dighton. Il était membre de l'American Academy of Arts and Sciences, of the Massachussetts
médical Society and of the Massachussetts Historical
society. Il représenta la ville de Dighton à la législation
de l'Etat, occupa un siège aux trois congrès provinciaux,
fut membre de l'assemblée qui vota la constitution fédé-
rale, et en 1800 l'un des électeurs présidentiels ; il mourut en 1826.

Isaac Rand, fils du révérend Isaac Rand de Charleston,
né en 1743, gradué à Harward en 1761, étudia la médecine sous la direction de Llyold et de son père et s'établit
à Boston en 1764. Il était très versé dans les sciences ex-
actes, et fut adjoint à Samuel William, professeur de
philosophie naturelle à Harvard et au professeur Whin-
trop de Newfoundland pour étudier le passage de Vénus
sur le Soleil en 1761. On lui doit quelques brochures médicales et quelques autres ouvrages d'une certaine importance. Il mourut en 1822.

James Pirckea qui fut le premier vice-président de la
société médicale des Massachussetts, et fut opéré de la
pierre avec succès par le docteur Rand.

Ebenezer Hunt, né à Northampton en 1744. Il fut membre de la législature et occupa pendant quatre ans un
siége au Sénat.

Phimas Holden, né à Dorchester en 1744. En 1792, par
autorisation spéciale du conseil municipal de la ville, il
fit construire un hôpital pour les varioleux.

Edward-Auguste Holyoke qui fut le premier président de la société médicale des Massachussetts.

Aaron Dexter, né en 1750 à Malden et mort en 1829 Il occupa en 1783 la chaire de chimie et de matières médicales à la section médicale du collège de Harward.

Joseph Warren, célèbre par son patriotisme. Il jouissait d'une grande renommée comme médecin avant le commencement de la guerre de l'indépendance. Devenu général de l'armée continentale, il fut tué à la bataille de Bunker Hill.

John Warren, né à Rosbury en 1753. A 14 ans, il entra au collège Harward, et y reçut le titre de bachelier en 1771. Il étudia la médecine sous la direction de son frère Joseph Warren, puis s'établit à Salem. Lors de la guerre il fut attaché comme chirurgien au régiment de Salem et le suivit à Lavington où il assista à la bataille qui fut livrée entre les anglais et les américains. En 1775, John Warren se rendit à Bunker Hill et Charleston où l'on se battait, puis accompagna l'armée américaine dans la campagne désastreuse de Long-Island, et après deux an ; de service, en 1777, fut nommé chirurgien en chef des hôpitaux de Boston. Il acquit comme chirurgien une grande réputation et fut même considéré comme n'ayant pas de rival à Boston et dans la nouvelle Angleterre. En 1780, il ouvrit un cours d'anatomie et de chirurgie qui fut très suivi et le fit à l'hôpital militaire aujourd'hui hôpital général des Massachussetts. Pendant plusieurs années il continua son cours auquel assistaient les élèves du collège Harward et pratiqua de nombreuses opérations et entr'autres la désarticulation de l'épaule qui donna les plus brillants résultats. En 1782, il commença la troisième année de son cours à Molinouy-House et en 1783, lors de la fondation de l'école de médecine, fut nommé professeur d'anatomie à ladite école. En 1798 John Warren se dévoua pour soigner ses compatriotes dans la violente épidémie de fièvre jaune qui sévit à Boston, et en 1781 fut nommé membre de la société médicale du Massachussetts dont il fut ensuite président jusqu'en 1804. Ce fut le premier chirurgien qui appliqua en Amérique le traitement des plaies par première intention, méthode connue depuis longtemps en Europe. (1)

William Eustis, né à Cambridge en 1753, étudia la médecine sous la direction de Joseph Warren, fut d'abord chirurgien dans l'armée continentale, puis nommé en 1775 chirurgien en chef de l'hôpital. A la fin de la guerre il s'établit à Boston. En 1800 il fut élu membre du congrès et en 1809 nommé secrétaire de la guerre (ministre de la guerre), par le président Madison, mais il résigna ces fonctions lors de la démission du général Hull. William Eustis fut alors appelé à remplir les fonctions d'ambassadeur des Etats-Unis en Hollande, poste qu'il occupa jusqu'en 1821. A son retour il fut de nouveau nommé membre du congrès où il siégea pendant quatre termes consécutifs. Nommé gouverneur de l'état du Massachussetts en 1823, il mourut à Boston en 1825.

James Thacher, né en 1754, prit du service dans l'armée en 1775, et rentra dans la vie privée après la reddition de Yorktown.

C'était un antiquaire distingué et un écrivain de mérite. On lui doit :

Observations on Hydrophobia produced by the Bite of a mad Dog or other rabid animals (Plymouth 1812).

American modern practice, or a simple méthod of prevention and Cure of discases according to the latest improvements. — Boston 1817.

---

(1) Il est l'auteur des deux ouvrages suivants : Cases of organic discases of the Heart 1809-Boston, et Surgical observation on tumors With Cases and operations. 1837 Boston.

American medical Biography, or memoirs of Eminent Physicians Who have flourished in America, to Which is prefixed a succint history of medical science in the United-States from the first settlement on the country. — 2 vol. Boston 1828.

The American new dispensatory, containing several new and valuable articles, the production of the United-States. — Boston 1810.

Josiah Bartlett, né à Charlestown en 1759, mort en 1820, étudia la médecine sous la direction de Israël Forster, servit ensuite dans l'armée jusqu'en 1780, puis dans la marine. A la fin de la guerre il s'établit à Charlestown. On lui doit plusieurs écrits, entr'autres l'histoire du progrès des sciences dans le Massachussetts et l'histoire de Charlestown.

Thomas Welch, chirurgien de l'armée continentale, né en 1751. Il fut médecin sanitaire du port de Boston et l'un des fondateurs de la société médicale du Massachussetts. Il était professeur à la faculté médicale de Boston.

Joseph Mann, prit du service dans l'armée, fut nommé chirurgien des hôpitaux de l'armée des Etats-Unis, et pendant la guerre chargé du service médical sur la frontière du Nord. En 1816 il publia un essai médical sur la guerre de 1812.

Henry Adams, Origen Bringham, John Crave, Joseph Fisth, Isaac Graham, Benjamin Morgan, Francis Le Baron, William Laughlin, Goodwin, Walter Hastings, Percival Hall, John Lyon, David Townsend et beaucoup d'autres dont l'énumération serait trop longue, prirent aussi du service pendant la guerre dans l'armée américaine comme médecins ou chirurgiens.

Comme on peut le voir, l'état du Massachussetts a produit aux deux derniers siècles un grand nombre de médecins et de chirurgiens dont quelques-uns ont acquis une juste célébrité, soit dans les sciences, soit dans la politique. Nous verrons plus loin que les deux états de New-York et de Philadelphie ne restaient pas en arrière et pouvaient supporter, sans crainte, la comparaison avec l'état du Massachussetts.

En terminant cet abrégé de l'histoire médicale du Massachusetts, nous ne devons pas oublier de citer les noms de deux hommes qui mériteraient d'être inscrits en tête de l'histoire de cet état. Ce sont John Winthrop, gouverneur civil de la colonie du Massachusetts, qui avait quelques connaissances en médecine et distribuait aux indigents les remèdes de Van Helmont, et son fils John Winthrop qui fut le premier gouverneur du continent. Il avait fait ses études médicales à l'université de Dublin et fut l'un des fondateurs de la société royale de chirurgie en Angleterre. Il mourut en 1671.

En 1649 la colonie du Massachusetts vota une loi défendant aux chirurgiens, accoucheuses, médecins et toute autre personne de se rendre coupable d'actes contraires aux lois de la médecine. Elle était ainsi conçue :

« Attendu que les lois de Dieu défendent à tout homme d'entreprendre quoi que ce soit sur la vie, le corps, les membres d'aucune personne, sans un but avouable, défense est faite à toute personne ou personnes quelconques, appelées à donner leurs soins en quelque temps que ce soit aux corps des hommes, femmes ou enfants, pour la conservation de la vie ou de la santé, comme chirurgiens, accoucheuses, médecins ou autres, d'exercer ou faire aucun acte contraire aux principes approuvés par les règles de l'art dans chaque mystère ou profession, ni d'exercer aucune force ou violence ou cruauté sur ou vers les corps d'aucun, qu'il soit vieux ou jeune (dans aucun cas ni même dans les cas les plus difficiles et les plus désespérés) sans l'avis et le consentement de tels qui soient versés dans le même art (s'il s'en trouve sur les lieux) ou au moins de quelques unes des personnes les

plus graves et les plus respectables alors présentes, et
sans le consentement de ou des malades s'ils sont sains
d'esprit, *mentis compotes*. A celui ou ceux qui se seront
livrés à une manœuvre quelconque préjudiciable, en dehors des avis et consentements cités plus haut, seront
infligés des peines sévères en rapport avec la nature de
l'acte qui aura été commis.

» Ladite loi, néanmoins, n'est pas éditée pour empêcher
aucun de faire un usage légal de leur adresse et habileté,
mais au contraire pour les encourager et maintenir dans
cet usage conforme aux règles du mystère et empêcher et
restreindre l'arrogance présomptueuse d'aucuns qui, à
cause de leur confiance dans leur propre adresse ou par
suite de quelqu'autre considération fâcheuse, n'hésitent
pas d'exercer aucune violence sur ou vers les corps des
hommes, femmes ou enfants (1649 anciennes chartres et
lois de la baie du Massachussetts).»

D'autres lois encore sur les médecins et la pratique
médicale ont été éditées pendant la période coloniale.

Loi requérant chirurgiens, accoucheuses et médecins
de n'user ni de force, ni de violence dans leur profession
respective, sans le consentement d'autres praticiens
présents (1672).

Une loi pour prévenir la transmission des maladies infectieuses (1699).

Une loi autorisant des selectmen, hommes de choix, à
prendre des mesures contre ceux qui étaient atteints de
maladies contagieuses et à prévenir l'infection (1701).

Une loi établissant aux frais de la province un établissement convenable sur l'île appelée Spectacle-Island,
pour l'admission de ceux qui pourraient être atteints de
maladies contagieuses (1717).

Une loi autorisant les cours à s'ajourner et quitter les

villes où elles doivent siéger, dans le cas d'épidémie de variole (1730).

Une loi pour défendre à toute personne de dissimuler et cacher les cas de variole, et ordonnant de marquer de rouge tous les lieux infectés (1731).

Une loi pour s'opposer à la transmission de la variole et autres maladies infectieuses et au récèlement des malades (1742).

Une loi régularisant l'institution de l'hôpital de Ransford Island et le destinant à recevoir les maladies contagieuses (1743).

Une loi régularisant l'émigration des allemands et autres passagers venant s'établir dans cette province et ordonnant que des provisions suffisantes et un local convenable leur soient donnés à bord pour éviter toutes maladies (1750).

Une loi supplémentaire pour régulariser l'hôpital de Rainsford Island, et invitant les magistrats à y envoyer les navires infectés et les personnes de la province atteintes de maladies contagieuses (1758).

Une loi pour nommer quelques médecins membres de la société médicale du Massachussetts (1781).

(A continuer)

www.ingramcontent.com/pod-product-compliance
Lightning Source LLC
Chambersburg PA
CBHW061758060726
47597CB00007B/2997